Entra al
bosque
lluvioso

TIME FOR KIDS

Howard Rice

T0136619

Asesor

Timothy Rasinski, Ph.D.
Kent State University

Créditos

Dona Herweck Rice, *Gerente de redacción*
Robin Erickson, *Directora de diseño y producción*
Lee Aucoin, *Directora creativa*
Conni Medina, M.A.Ed., *Directora editorial*
Ericka Paz, *Editora asistente*
Stephanie Reid, *Editora de fotos*
Rachelle Cracchiolo, M.S.Ed., *Editora comercial*

Basado en los escritos de *TIME For Kids*.

TIME For Kids y el logotipo de *TIME For Kids* son marcas registradas de TIME Inc. Usado bajo licencia.

Teacher Created Materials

5301 Oceanus Drive
Huntington Beach, CA 92649-1030
http://www.tcmpub.com

ISBN 978-1-4333-4451-0

© 2012 Teacher Created Materials, Inc.

Tabla de contenido

Imagina que el aire está cargado de calor y humedad. Las aves cantan y los monos chacharean. Largas y frondosas enredaderas se enrollan en los árboles.

Las flores multicolores se alzan
buscando el sol que se asoma entre las
ramas de los árboles altos y verdes.

¿Qué es este lugar?

Es un bosque lluvioso.

¿Qué son los bosques lluviosos?

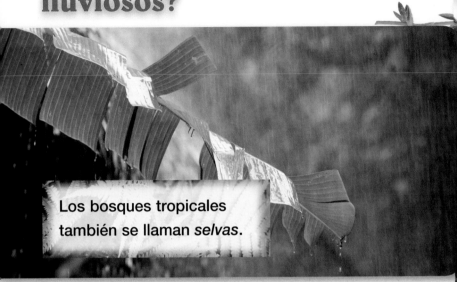

Los bosques tropicales también se llaman *selvas*.

Los bosques lluviosos son como los demás bosques, ya que tienen árboles y plantas. Sin embargo, tienen una característica que los distingue: son muy húmedos.

En la mayoría de los bosques lluviosos hay mucha **pluviosidad**. También son cálidos la mayor parte del tiempo.

En los bosques lluviosos caen aproximadamente 92 pulgadas de lluvia al año. ¡Es casi el doble de tu estatura!

Esto permite que los árboles y las plantas se mantengan llenos de color y saludables.

Estos bosques lluviosos se conocen como **bosques tropicales**.

Otros bosques lluviosos son muy húmedos, pero no sólo por la lluvia. Reciben mucha agua de la **niebla** y el aire húmedo que llega de los océanos cercanos.

Hay muchos más bosques tropicales que bosques lluviosos templados.

Estos bosques se conocen como **bosques lluviosos templados**. No son tan cálidos como los bosques tropicales, pero tampoco son muy fríos.

¿Dónde están?

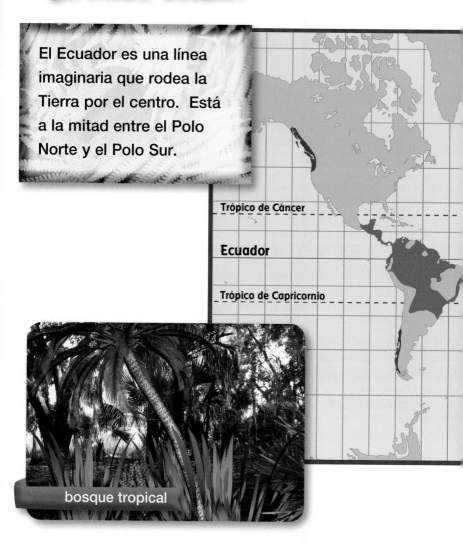

El Ecuador es una línea imaginaria que rodea la Tierra por el centro. Está a la mitad entre el Polo Norte y el Polo Sur.

Trópico de Cáncer

Ecuador

Trópico de Capricornio

bosque tropical

Los bosques tropicales están cerca del ecuador.

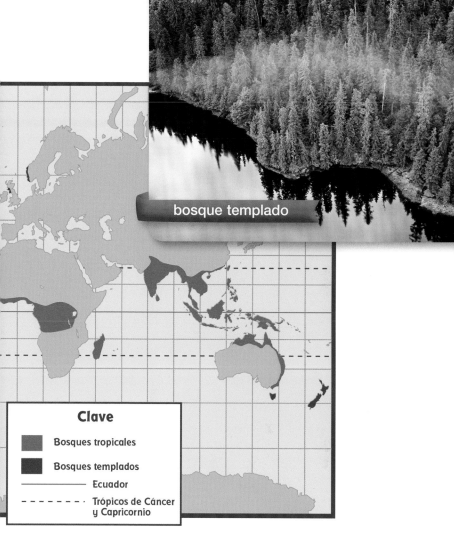

bosque templado

Clave

■ Bosques tropicales

■ Bosques templados

—————— Ecuador

- - - - - - - Trópicos de Cáncer y Capricornio

Los bosques lluviosos templados están cerca de las costas, más al norte y al sur del ecuador que los bosques tropicales.

El bosque tropical más grande
del mundo es la selva amazónica
en Sudamérica.

Más de una tercera parte de todas las especies animales y vegetales del mundo viven en la selva amazónica.

Las plantas ocupan casi todo el espacio disponible en los bosques lluviosos. ¡Incluso hay plantas que viven sobre otras plantas!

nenúfar

jaguar

orquídea

Está tan llena de vida que en ella habitan cerca de 50,000 variedades de plantas, 1,800 especies de peces y 1,200 especies de mariposas.

perezoso gigante

tucán

carpincho

Hay tantos animales y plantas en la selva amazónica que todavía no los conocemos a todos.

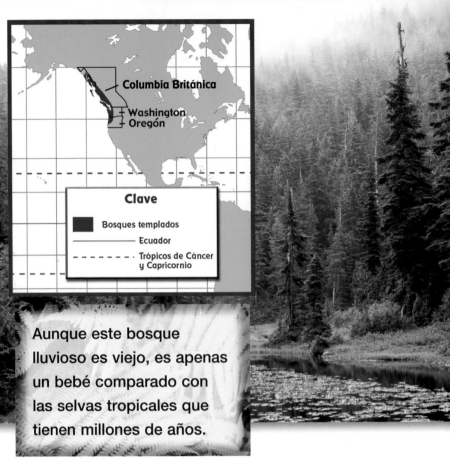

Clave

Bosques templados
Ecuador
Trópicos de Cáncer y Capricornio

Columbia Británica

Washington
Oregón

Aunque este bosque lluvioso es viejo, es apenas un bebé comparado con las selvas tropicales que tienen millones de años.

Cerca de una cuarta parte de los bosques lluviosos templados del mundo están en Columbia Británica, Canadá. Este bosque lluvioso es muy viejo. Algunos de los árboles tienen más de 2,000 años.

Los árboles nunca dejan de
crecer. Los árboles más viejos
de este bosque lluvioso son muy
grandes. Un abeto mide 312 pies
de alto. Otro abeto mide 40 metros
de ancho. ¡Esto significa que este
abeto mide tanto como diez de tus
amigos acostados pies con cabeza!

Estratos de los bosques lluviosos

tarántula

En un bosque lluvioso hay tres estratos, o niveles, de vida. El primer estrato es el **herbáceo**. Es una capa oscura, húmeda y suave al nivel del suelo, donde viven muchos insectos.

kiwi

morpho rojo

Después está el **sotobosque**, templado y oscuro. En él viven pequeños árboles y arbustos. En el sotobosque también habitan mariposas y algunos animales pequeños.

Por último está el **dosel**, la
parte superior de los árboles altos
del bosque tropical. Muchas aves y
serpientes viven en el dosel.

guacamayo

oropel

Animales de los bosques lluviosos

oso negro

mapache

Los animales de los bosques lluviosos templados son básicamente los mismos que habitan los bosques. Algunos de estos animales son osos negros, castores y mapaches.

tamarino león dorado

rana arborícola

En los bosques lluviosos viven la mitad de las especies animales del mundo.

insecto de la calabaza

En los bosques tropicales viven animales selváticos, como monos, ranas arborícolas y jaguares. Hay aves de todas clases y colores en los árboles. ¡Por el aire zumban insectos del tamaño de tu mano!

Protección de los bosques lluviosos

Aunque los bosques lluviosos son el hogar de plantas y animales, los seres humanos los han destruido durante muchos años. La gente usa el terreno para construir granjas y edificios. Utilizan los árboles para madera, papel y mucho más.

Lo más importante que obtenemos de los bosques lluviosos es el aire que respiramos. Las plantas y los árboles liberan oxígeno. Los seres humanos no pueden vivir sin el oxígeno que proporcionan los árboles y las plantas.

Estas cosas son importantes, pero los bosques lluviosos también lo son. Muchos de los bosques lluviosos han desaparecido para siempre. Es necesario proteger los bosques lluviosos que quedan antes de que sea demasiado tarde.

Glosario

bosque lluvioso templado

bosque tropical

dosel

estrato herbáceo

niebla

pluviosidad

sotobosque